ЛК7 17818

UNE

JOURNÉE A SAINT-FRANC

UNE
JOURNÉE A SAINT-FRANC
(SAVOIE)

IMPRESSIONS ET SOUVENIRS

PAR

VICTOR FRANÇOIS
Avocat à la Cour d'appel de Chambéry.

> La Nature est un livre immense où l'on trouve, en le feuilletant, d'inépuisables sujets de méditations.

CHAMBÉRY
IMPRIMERIE BONNE, CONTE-GRAND ET Cie

1874

A MES AMIS

Pareil à la colline, pareil à la source bénie qui laissent couler, à travers nos plaines et nos vallons, les eaux fécondes qu'elles recèlent, l'homme est tenu de produire au dehors sa pensée, alors qu'elle peut être utile, ne fut-ce même qu'à une seule âme. Il n'a pas le droit de la cacher soigneusement à tous les yeux, comme l'avare fait de son trésor... Sa pensée, en effet, n'est pas à lui ; elle est *un rayon de Dieu*.

Telle est la réflexion qui m'a déterminé à publier les impressions recueillies dans une course à Saint-Franc.

Je n'ignore pas ce distique de Voltaire :

« Très-peu de gré, mille traits de satire
« Sont le loyer de quiconque ose écrire.

Mais qu'importe ?.... L'homme, esclave du respect humain, me semble en tout pareil à un de ces insectes impuissants que le fil ténu de l'araignée rend captif : il n'est pas un homme...

Chambéry, le 8 décembre 1874.

V. F.

UNE JOURNÉE A SAINT-FRANC [1]

> N'aie pour but dans toutes tes actions
> que ton Dieu, ton pays et la vérité!
>
> SHAKSPEARE.

Dimanche, 21 juin 1874.

Mon cher ami,

Ah! comme la vie à Chambéry me pèse! Du matin au soir s'occuper de procès! Et après cela, pour toute distraction, se promener sur la *place Saint-Léger*, les *Portiques* ou le *Champ-de-Mars!...*

Je veux absolument aller respirer au sein de la grande nature, au moins une journée. J'y puiserai des forces nouvelles. En avant donc, et fouette cocher!

---

[1] Petite commune du canton des Echelles, au département de la Savoie.

Me voilà courant en poste sur la route des Echelles. J'admire, en passant, la cascade de Couz, une des plus belles de France ; et, à neuf heures du matin, je mets pied à terre devant le tunnel de *la Grotte,* ouvert depuis moins de soixante ans [1].

* * *

Au lieu de choisir cette voie moderne pour me rendre au bourg des Echelles, je prends à gauche un chemin pittoresque et solitaire, qui paraît avoir été taillé dans d'immenses bancs de rochers. C'est là qu'en 1814, soixante et dix militaires français embusqués surent arrêter l'armée autrichienne et la forcèrent à se replier. Nos compatriotes ont appris, dès leur enfance, à exalter le courage

---

[1] J'ai souvent ouï dire que cette percée de trois cent huit mètres de longueur, commencée sous le premier Empire, n'a été achevée que depuis la restauration sarde. Toutefois, je crois devoir signaler ici une tradition populaire, d'après laquelle un escadron de cavalerie autrichienne, venant de Chambéry, aurait traversé le tunnel de *la Grotte* lors de l'invasion de 1815.

des Spartiates mourant aux Thermopyles ; mais il n'en est peut-être pas un seul parmi eux qui ait entendu narrer l'héroïque combat de leurs pères dans ce défilé de la Savoie !

Là aussi, dans cette gorge sauvage, passaient et repassaient au XVIIIe siècle les messageries faisant le service d'Italie en France. Dès l'année 1661, nos princes avaient autorisé le passage à travers leurs Etats d'une voiture publique destinée au transport des voyageurs et de leurs effets [1]. Cette diligence, la première qui ait circulé en Savoie, partait de Lyon et s'arrêtait à Milan, après avoir

---

[1] Par des lettres patentes en date du 20 août 1661, confirmées le 21 septembre 1663, le marquis de Villeroy, gouverneur de Lyon, obtint, en effet, du duc de Savoie Charles Emmanuel II, la permission de faire passer, à travers les Etats, une messagerie qui devait partir de Lyon tous les lundis, et de Chambéry pour Milan tous les mercredis. Le prix du transport de chaque voyageur était de *onze livres tournois* pour aller de Lyon à Chambéry, et de *vingt-six livres tournois* pour se rendre de Chambéry à Turin. Moyennant le versement de ce prix, le voyageur pouvait exiger encore que le messager paierait tous ses frais de bouche, et lui transporterait à destination « six livres de hardes franches. » *(Raccolta delle leggi, editti, etc., della*

touché le Pont-de-Beauvoisin, Chambéry, Turin et Verceil. Mais l'unique route, plus ou moins carrossable, qui reliait alors Chambéry, le Pont-de-Beauvoisin et Lyon, traversait la montagne d'Aiguebelette au-dessus de Vimines, à l'endroit où avait existé une voie romaine et où se trouve encore aujourd'hui un passage : je vous renvoie, à cet égard, au savant ouvrage de M. Chapperon sur *Chambéry à la fin du XIVe siècle*. Il fallut donc songer à créer une route moins longue et plus praticable : on y parvint en exécutant de grands travaux dans la gorge de Saint-Jean-de-Couz, près du Pas-de-l'Echelle, où je me trouve en ce moment.

Après quinze minutes de marche, en effet, j'arrive à un monument élevé sous le règne du duc Charles-Emmanuel II. Voici l'inscription latine que j'y ai lue gravée sur la pierre ; elle rappelle la date de la

---

real casa di Savoia, compilata dall' avvocato Duboin : libro XII.) — La *livre tournois*, monnaie française fabriquée originairement à Tours (d'où lui vient son nom), valait, à cette époque, *nonante-huit centimes* de notre monnaie actuelle.

création en cet endroit de la première route à voitures.

CAROLUS EMMANUEL II

Sabaudiæ Dux Pedem. Princeps Cypri Rex,

Publica felicitate parta, singulorum commodis
Intentus, breviorem securioremque viam regiam
A Natura occlusam, Romanis intentatam, cæteris desperatam,
Dejectis scopulorum repagulis, æquata montium iniquitate
Quæ cervicibus imminebant, præcipitia pedibus substernens,
Æternis populorum commerciis patefecit.

ANNO MDCLXX [1].

Ainsi, notre excellent duc pensait avoir ouvert la route que suivrait à jamais le commerce de l'Europe! Quelle illusion profonde! Aujourd'hui, les touristes seuls parcourent ce chemin, et depuis nombre d'années la science a frayé à l'industrie des

---

[1] Cette inscription peut se traduire ainsi :

« En l'année 1670, Charles-Emmanuel II, Duc de
« Savoie, Prince de Piémont, Roi de Chypre... après
« avoir abattu des barrières de rochers et comblé de
« vastes précipices, a ouvert pour jamais au commerce
« et aux relations des peuples cette belle route royale :
« travail que les Romains eux-mêmes n'avaient pas
« osé entreprendre, et que les générations passées
« avaient désespéré de pouvoir accomplir. »

routes meilleures et des voies bien plus rapides! Ceci ne nous montre-t-il pas, mon cher ami, que l'homme ne doit jamais s'enorgueillir de ses travaux? S'il a la témérité de croire qu'il vient de produire une œuvre incomparable, un ouvrage qui défie tout progrès, Dieu se chargera de lui donner à travers les siècles un solennel démenti, et les générations futures riront peut-être de son orgueil insensé.

Reconnaissons néanmoins que Charles-Emmanuel a fait exécuter en ce lieu un beau travail d'utilité publique; cela est de toute justice. Avant lui, en effet, avant 1670, aucun char ne pouvait passer de la vallée de Couz dans celle des Echelles : les piétons eux-mêmes et les porteurs de balle y arrivaient à grand'peine. Il leur fallait traverser d'abord une petite grotte, étroite et sinueuse, qui avait été creusée par les eaux : l'entrée de ce tunnel naturel se voit encore à droite de la route, un peu avant d'atteindre le monument dont j'ai parlé. A l'autre extrémité de cette grotte, ils apercevaient devant eux un rocher à pic et, à cent mètres au-dessous, les humbles chaumières du village de Saint-Christophe. Comment franchissaient-ils cet obstacle? De hautes échelles de bois, appuyées contre les parois de la montagne, permettaient aux voyageurs de descendre dans la vallée voisine : aussi on a donné à ce lieu le nom de *Pas de l'Echelle*. Une pareille voie était périlleuse et souvent impraticable. Honneur donc à Charles-Emmanuel !

✦
✦ ✦

Je relis une dernière fois l'inscription qui est gravée sur le monument de ce prince et je poursuis ma route. Elle cotoie à gauche une longue muraille de rochers; elle vient serpenter ensuite au milieu d'une plaine fertile. A dix heures, j'arrive au bourg des Echelles, et, de là, je m'achemine à pas lents vers la commune de La Bauche [1].

Certes, me disais-je en gravissant les pentes de Saint-Pierre-de-Genebroz, la sta-

---

[1] Cette commune possède des eaux ferrugineuses très-renommées. La saison y commence ordinairement le 1er juin.

tion de La Bauche doit être fréquentée à cette heure par de nombreux étrangers. Je déjeunerai là. J'arrive... tout est fermé, établissement et hôtels ! pas un buveur d'eau encore !

Que faire ? Je me hasarde à frapper à la porte hermétiquement close du *Grand-Hôtel* : il y en a un de ce nom même ici ! Qui vient m'ouvrir ? Une Anglaise ; c'est la maîtresse du logis. Ainsi, chose étrange ! l'année dernière, à Naples, au sud de l'Italie, c'était un Savoyard qui me recevait sous le toit hospitalier de l'*Hôtel de Chambéry* [1] ; et dans mon propre pays, en Savoie, il faut que je trouve une Anglaise pour me rendre les mêmes services !

J'ai déjeuné sous les frais ombrages du *Grand-Hôtel* de La Bauche, et me suis reposé sous la tonnelle, où personne, hélas !

« ... N'est encore venu s'asseoir. »

---

[1] L'*Hôtel de Chambéry*, à Naples, Vico San Giuseppe, tenu par M. Duparc.

*
* *

A deux heures, je prenais la route de Saint-Franc. J'avais bien résolu, en quittant Chambéry, d'aller visiter cette commune, célèbre par un grand crime dont le souvenir n'est point effacé [1]. Je tenais à voir le théâtre de ce drame.

Mais, pendant mon déjeuner, on m'avait appris qu'à trois heures, ce jour-là, devait s'y accomplir un pèlerinage à *Notre-Dame-du-Châtelard*. C'était une raison nouvelle et bien propre à me faire gravir l'âpre colline au sommet de laquelle est assise la commune de Saint-Franc.

Je pars donc, suivant à travers bois, à travers prés, à travers champs, des *violets* [2] tantôt pleins d'ombre, tantôt inondés de

---

[1] L'assassinat de la veuve Charvet.

[2] *Violetus*, sentier. On rencontre cette expression de basse latinité dans les anciennes chartes de la Savoie. (Voyez le *Glossaire* publié par S. E. le cardinal Alexis Billiet, archevêque de Chambéry, mort en 1873.) — Notre patois a su conserver ce terme si expressif, venant du mot latin *via*.

soleil : délicieuse route pour ceux qui fuient la monotonie des grands chemins ! Je monte, et dans tous les sentiers, celui par où je passe et ceux perdus au loin, je vois de pieuses caravanes qui, des communes voisines, viennent prendre part au saint pèlerinage.

C'est un admirable tableau. On se reporte instinctivement à la scène des conjurés de l'Helvétie, en *Guillaume-Tell* [1]. Ici, pareillement, une grande idée amène nos robustes montagnards à se réunir : ils viennent supplier Dieu de sauver la patrie et de bénir la France. Leur arme, c'est la prière !

Enfin nous voici parvenus au sommet de la pente. Pénétrons dans le hameau : voici le presbytère, voici l'église de Saint-Franc. M. le curé me rencontre et, bien que je lui sois inconnu, il m'offre une gracieuse hospitalité.

---

[1] *Guillaume-Tell*, opéra de Rossini.

Les vêpres sonnent peu après... j'entre dans le temple.

Figurez-vous une modeste église de village où règne la plus exquise propreté, où les autels sont ornés avec goût, où courent, en signe de fête, et s'entrecroisent harmonieusement, d'une extrémité à l'autre de la voûte, des guirlandes de mousses parsemées de roses et de fleurs champêtres. Une multitude de paysans et de villageoises, venus de tous les environs, remplissent la nef et les chapelles latérales. On entonne les psaumes sacrés ; d'une voix mâle les chantres les attaquent, et la foule y répond. C'est d'un effet grandiose en sa simplicité.

Vous ne sauriez croire, mon cher ami, combien j'aime prendre part aux offices religieux célébrés dans les petites églises rurales. Ici, au moins, l'art profane est banni ; ici vous ne trouvez pas une maîtrise à gages qui seule fasse entendre sa voix. Le peuple des fidèles lui-même chante les divins cantiques ; la prière s'élance de toutes les poitrines, et vous remplit l'âme d'une impression bien autrement vive que celle dont vous êtes saisi, aux jours des grandes fêtes solennisées en nos cathédrales.

On sent que ce peuple prie et vient là pour implorer le Seigneur puissant, créateur universel, maître absolu des mondes. On voit la foi briller sur ces mâles figures de paysans ; on sent l'espérance battre au cœur des modestes villageoises. Tout ici respire la piété et la confiance en Dieu !

Oh ! certes, nos paysannes ne viennent pas à l'église pour se montrer, pour étaler leur toilette et leurs mille colifichets ! Elles n'y viennent pas afin de pouvoir ensuite exécuter, avec grâce, *une sortie du temple* sous les regards et en face d'une galerie de petits-maîtres avec ou sans lorgnon, à l'instar de ce qui se voit... dans nos cités. Je vous livre mon impression tout entière et ne m'inquiète pas du *qu'en dira-t-on*. Rappelez-vous la devise de Shakspeare !

⁂

Vous parlerai-je aussi, mon cher ami, de ces jours où les églises de nos villes paraissent, sous certains rapports, transformées en salles de concert ?... A la tribune, de modestes jeunes filles, ou des artistes de passage, célèbrent la gloire du Très-Haut et chantent la Vierge immaculée. A côté du peuple des fidèles qui prie, vite nos *élégants* accourent : nonchalamment appuyés contre les piliers gothiques, ou bien le dos tourné vers l'autel du sacrifice, ils n'ont des yeux et des oreilles que pour les exécutantes. Un seul pas leur reste à franchir, c'est.... de battre des mains en signe d'approbation !

Devant un pareil spectacle, ma pensée se reporte d'elle-même à cette scène vengeresse où le Christ, en chassant loin du Temple de Jérusalem les changeurs et les marchands, s'écriait avec un accent de sublime indignation :

HORS D'ICI....

CE TEMPLE EST UNE MAISON DE PRIÈRE,
N'EN FAITES PAS
UNE MAISON DE TRAFIC !.... [1]

N'en faites pas non plus une salle de théâtre! dirais-je à nos petits-maîtres.

Voilà des abus regrettables qui se produisent dans les villes. Il faut les dénoncer sans crainte et hardiment. Ici, au moins, à Saint-Franc, jamais on n'a vu rien de pareil !....

---

[1] *Evangile selon saint Jean,* Chap. II, Vers. 13 à 16 :

13. Comme la Pâque des Juifs était proche, Jésus monta à Jérusalem.

14. Il trouva dans le Temple, les gens qui vendaient des bœufs, des brebis et des colombes, et les changeurs sur leurs siéges.

15. Et faisant une sorte de fouet avec des cordes, il les chassa tous du Temple, ainsi que les brebis et les bœufs ; et il répandit la monnaie des changeurs, et il renversa leurs tables.

16. Et à ceux qui vendaient les colombes, il dit : Otez cela d'ici, et n'allez pas faire de la maison de mon Père, une maison de trafic !

⋆
⋆ ⋆

Mais les vêpres sont finies ; les derniers versets du *Magnificat* s'achèvent, la procession s'ébranle. Deux enfants de chœur, portant chacun une clochette argentine, ouvrent la marche. Les pénitents de la paroisse arborant une bannière de la Vierge, une légion d'enfants munis de jolies banderoles aux couleurs variées, les femmes, les jeunes filles habillées de blanc, le clergé, et enfin les hommes formant les derniers rangs du cortége, tous se dirigent vers la statue de Notre-Dame-du-Châtelard. Je me joins à ces braves paysans.

La procession se déroule en replis d'un effet gracieux à travers des champs et des prairies émaillées de fleurs. Les cloches donnent à l'envi leurs carillons des jours de fête ; dans les vallons d'alentour, les boîtes tonnent avec fracas;'au loin on entend deux clochettes tinter à intervalles inégaux, et nous chantons, en montant la colline verdoyante, des psaumes divins alternés avec des chœurs de jeunes filles. Que dis-je ? le rossignol et la fauvette viennent à nos accords mêler leurs notes joyeuses, afin que rien ne manque à cet inimitable concert célébré au milieu de la plus grandiose nature.

Nous voici, en effet, parvenus à l'oratoire. Quel admirable coup-d'œil ! Au loin, vers le nord, le lac d'Aiguebelette montre ses eaux bleuâtres et ses rives gracieuses ; à gauche, la montagne de Corbel apparaît toute empourprée, sous les chauds rayons du soleil couchant ; à notre droite, la plaine fertile du Pont-de-Beauvoisin[1] étale ses moissons luxuriantes ; plus près de nous, des forêts de sapins magnifiques sont éparses çà et là dans la verte campagne. Ah ! comme elle

---

[1] Dans le *Dictionnaire historique* de Moreri, édition de 1681, on lit : Pont-de-Beauvoisin, anciennement *Pons bello vicinus*. — Cette étymologie démontre, comme le soutient M. l'architecte Fivel, de Chambéry, qu'à l'époque romaine, ce pays a dû être le théâtre de sanglants combats. — Voyez *Alesia en Savoie*, par M. Fivel.

est vraie cette définition de notre pays :
« *La Savoie est la grâce alpestre !* [1] »

Je tourne mon regard maintenant vers la vallée où je passe ma vie, vers la vallée de Chambéry, si belle avec sa ceinture de hautes murailles de rochers. Mais, vain espoir ! à mes yeux rien ne se montre, rien, pas même les croupes de ses montagnes ; et la croix du *Nivolet*[2] apparaît seule, dominant l'espace, comme pour nous dire : *Alors que tout s'évanouit ici bas, la religion demeure !*

A ce moment solennel, M. le curé de la paroisse entonne le *Credo* ; les assistants, recueillis dans une même pensée, mêlent leurs voix à celle du prêtre. Oui, chantons tous le grand hymne de la foi... Que dirions-nous, que diraient nos libres-penseurs eux-mêmes si un malheu-

---

[1] Victor Hugo.

[2] Croix gigantesque élevée par M. le comte Fernex de Montgex sur le pic le plus haut du bassin de Chambéry. Cette croix a *dix-huit mètres* d'élévation et *neuf mètres* d'une extrémité à l'autre de ses bras.

reux insensé osait affirmer l'inexistence du soleil ? On couvrirait sa parole d'un immense éclat de rire, n'est-il pas vrai ? Eh bien ! il se trouve encore ici-bas des hommes pour nier Dieu ! Quelle aberration, mon cher ami ! Quel étonnant sophisme ! Mais qui donc alors a enfanté le soleil ?.... D'où vient l'homme lui-même ? d'où lui viennent ses inspirations ?...

La pensée humaine est *un rayon de Dieu*. N'est-elle pas, en effet, d'autant plus belle qu'elle a jailli sans effort de notre esprit ? Et n'avez-vous point médité cette admirable définition de l'homme que j'emprunte à Monseigneur Dupanloup, fils éloquent de notre Savoie :

« L'homme est un prisme ; les rayons
« de Dieu le traversent. Ce n'est pas lui
« qui est beau, ce sont les rayons, c'est
« Dieu : mais.... on ne les verrait pas
« sans lui ! [1] »

---

[1] *Oraison funèbre du général de Lamoricière* par Monseigneur Dupanloup, évêque d'Orléans et député à l'Assemblée nationale. — Monseigneur Dupanloup est né à Saint-Félix (Haute-Savoie) le 3 janvier 1802.

Un prisme plus ou moins grossièrement taillé, un prisme que nous devons polir encore : voilà ce que nous sommes ! voilà ce qu'est l'humanité elle-même ! Mais laissons passer les rayons de Dieu... Et, comme en un arc-en-ciel immense éclairant la nue, nous verrons apparaître une à une les nuances infinies et les splendides irradiations de la divinité, ce soleil éternel de vérité, cette lumière des mondes !!

Voilà notre destinée commune : tous ne l'accomplissent pas.

*
* *

Ici faisons silence. Du haut du piédestal sur lequel est posée la statue de Notre-Dame-du-Châtelard, M. le curé de Saint-Pierre-de-Genebroz nous adresse une courte allocution : il invite les pèlerins à implorer Marie, à lui demander l'union, la paix, le bonheur pour la France et pour le monde. On s'agenouille devant la Vierge ; nous récitons une prière et la procession reprend sa marche.

Elle entre tout d'abord en une forêt de sapins géants, qui s'élancent au ciel droits comme les colonnettes de nos métropoles gothiques.[1] Ce n'est plus la lumière éclatante du jour ; le soleil brillant de juin ne nous apparait qu'à peine : la clarté de ses rayons nous arrive maintenant voilée par le sombre feuillage de ces arbres superbes. La pénombre augmente d'instant en instant et se projette sur la pieuse caravane. Les banderoles des écoliers marient leurs couleurs vives aux robes blanches des jeunes filles : elles illuminent ainsi au loin la forêt obscure. Je ne saurais vous rendre mon impression à ce moment : « le langage, hélas ! « n'est que le vagissement de la pen- « sée.[2] » Excusez-moi donc.

Mais voici les derniers sapins de la belle forêt. Ah ! que n'est-elle semblable à la forêt de Birnam ![3] pourquoi ne

---

[1] Cette forêt appartient à M. le marquis de Vaulserre.
[2] A. Decourcelles.
[3] V. la tragédie de *Macbeth* par Shakspeare.

marche-t-elle pas avec nous.... afin de laisser nos yeux jouir plus longtemps de ce ravissant tableau !

C'est à travers des champs de seigle, dans les hauts blés que nous avançons maintenant ; et nous reprenons la direction de l'église en suivant les *violets* tortueux.

*
* *

Avons-nous, l'un et l'autre, des goûts pareils en ce point ? Je l'ignore. Quant à moi, j'ai toujours adoré les promenades au milieu des grands blés jaunis par le soleil de juin. Ils font double haie sur votre passage et les épis, sous le souffle embaumé du vent, se balancent et s'inclinent. Une telle promenade laisse dans l'âme un sentiment particulier.

La raison en est facile à décrire. C'est que rien ne ressemble plus à la race humaine que les immenses champs de blé. Pareils aux épis, nous sommes impitoyablement fauchés par la mort ! Mais, plus malheureux qu'eux, nous ne tombons pas tous, au même jour, nous autres hommes, dans l'abîme de l'éternité ! et nous restons ici-bas pour pleurer sur des tombes bien chères !....

C'est même, croyez-moi, à la lueur de la mort seulement que nous voyons toute la profondeur d'une affection :

« Lorsque la bouche, qui a toujours
« répété le même mot, est fermée ; lors-
« que les yeux qui nous ont tant de fois
« regardés, sont clos pour jamais ; lors-
« que la main qui a si doucement serré
« la nôtre, est immobile et froide... alors,
« alors seulement, celui qui n'est pas
« mort sait combien il a été aimé !! [1] »

Qu'ils sont heureux les épis d'être insensibles !

*
* *

Tout n'est pas dit par là. Si vous examinez avec attention les hauts blés, vous retrouvez, en effet, parmi eux, les attitudes et les tempéraments divers que

---

[1] Joseph Delroa.

nous offre l'humanité. Ici, est un épi modeste, caché dans la foule, mais qui renferme le plus pur froment. Là, au contraire, des épis orgueilleux dressent à l'envi leur tête altière. Lesquels seront prisés davantage par le moissonneur... divin ? Il en est même qui surpassent les autres d'une coudée : ils vous rappellent les puissants du jour, les rois, les empereurs. Ils vous rappellent également ces hommes affamés de pouvoir, si nombreux à notre époque !

Je n'ai jamais pu comprendre cette folle passion qui entraîne nos concitoyens à l'assaut des premières places. Ne vaut-il pas cent fois mieux rester perdu dans la foule, à l'abri des tempêtes politiques et des révolutions ? Qu'est-ce donc qui pousse les hommes à l'assaut du pouvoir ? Est-ce l'envie d'obtenir des richesses ? Je le croirais volontiers... Eh bien alors qu'ils prennent un état honorable et qu'ils se livrent au travail ; ils y trouveront la richesse acquise au prix de longs efforts, la seule qui procure de véritables jouissances ! Est-ce le désir de faire parler d'eux-mêmes ? Quelle mesquine ambition ils ont là ! Mais enfin s'ils tiennent absolument à atteindre ce but, il existe, pour y arriver, des voies moins périlleuses : qu'ils fassent comme Alcibiade.... et cela suffira !

*
* *

Avançons encore, mon cher ami. La procession traverse à cette heure un vaste champ de seigle où souffle le vent de l'orage qui s'approche : voyez, tous les épis s'inclinent. Quelle image vivante de l'humanité ! L'impression la plus fugitive agit puissamment sur les foules. Mais ne l'oublions pas : si le vent glacial et dévastateur fait pencher nos épis, la brise parfumée du midi sait aussi incliner leurs tiges. « Les multitudes, on l'a dit
« avec raison, sont le champ de bataille
« où se disputent et combattent les deux
« éléments, le bon et le mauvais, Or-

« muzd et Arimane.¹ » Elles n'attendent qu'une impulsion décisive pour suivre la route du progrès véritable.

Aux riches et aux lettrés, aux heureux d'ici-bas en un mot, Dieu a remis le soin de donner, par leurs exemples et leurs paroles, cette impulsion suprême. Mais combien d'hommes oublient ce devoir sacré ! Combien n'en voit-on pas se tresser, dès le matin, des couronnes de roses et parcourir les chemins de la vie tenant aux lèvres la coupe des plaisirs défendus !...

Les malheureux ! Ignorent-ils donc que nul agissement humain ne reste sans produire un effet ?... que toute action par nous accomplie, toute parole échappée à nos lèvres contient en elle un germe de progrès ou un élément de corruption,

---

(1) Francis Magnard. — Dans la religion persane, *Ormuzd* représentait le principe du bien et *Arimane* le principe du mal. Ces deux principes, d'après la doctrine de Zoroastre, doivent être en lutte sur la terre jusqu'au dernier jour.

pour nous-mêmes d'abord, cela va de soi, mais aussi pour les autres hommes?...

Un savant professeur de Paris a mis en parfaite lumière cette vérité. « Eh
« quoi ! rien d'improductif ! s'écrie M.
« Oudot ; tout exercice de mes facultés a
« pour effet immédiat de produire un
« germe de maladie ou de santé pour
« mon corps, de bonne ou de mauvaise
« habitude pour mon âme !... C'est peu
« encore ! Il produit, en outre, pour au-
« trui, un bien ou un mal présent, en-
« gendrant à son tour des séries illimi-
« tées de biens ou de maux dans un
« avenir indéfini. Je donne un conseil,
« par exemple : Va-t-il sauver ou perdre
« une âme et, par une contagion fatale
« ou heureuse, faire passer de cette âme
« à mille autres le principe qui purifie
« ou celui qui corrompt !... [1] »

Rien n'est plus évident, mon cher ami, rien n'est plus certain. En voulez-

---

[1] *Conscience et science du devoir*, par M. Oudot, professeur à la Faculté de droit de Paris.

vous une démonstration nouvelle empruntée à la nature? Tenez : me voici sur les bords d'un étang profond ; j'y laisse tomber une goutte d'eau que j'ai puisée à la source voisine. Des ondes sphériques se forment aussitôt sous mes yeux, et vont rayonner de là jusqu'aux bords les plus éloignés. Une petite goutte d'eau aura suffi pour remuer la vaste surface de cet étang!! N'est-ce pas là une saisissante image du phénomène social que je viens d'analyser ?

*
* *

Malgré l'évidence de ces raisonnements, combien d'hommes ici-bas emploient à pervertir les âmes, les dons mêmes qu'ils ont reçus de Dieu ! Combien d'hommes, de tout âge et de toute condition, dissipent follement leurs richesses ou même le salaire de leur travail journalier, et refusent d'entendre cette éloquente parole, bien digne d'être gravée en lettres d'or sur les murailles de nos villes : « *Qu'est-ce que l'argent et d'où*

« *vient-il ? L'argent, c'est du travail accu-*
« *mulé, c'est du temps, c'est de la vie hu-*
« *maine... c'est du sang, des sueurs et des*
« *larmes ! Voilà ce que vous tenez en vos*
« *mains. Qu'en faites-vous ?...*[1] »

Ah ! combien ces hommes-là sont insensés ! Ont-ils donc oublié cet enseignement de l'histoire que nul crime ne reste impuni, même en ce monde ? Ignorent-ils cette loi inévitable qui unit tous les citoyens d'un peuple, et aussi les membres d'une même classe sociale, dans les liens d'une étroite solidarité !... Leurs excès appelleront tôt ou tard sur eux, sur leurs descendants ou sur leurs amis, de terribles fléaux ! Dieu, en effet, n'a accordé qu'aux hommes pris individuellement, et à eux seuls, la belle prérogative d'une seconde existence. Pour les nations considérées en elles-mêmes, il n'existe pas d'autre vie : aussi, le Très-Haut, afin de satisfaire à sa justice, châ-

---

[1] *Les Sources*, IIe partie, par M. Gratry, prêtre de l'Oratoire.

tie en ce monde les classes ou les peuples oublieux de leurs devoirs. Lisez l'histoire de France depuis le triste règne du roi Louis XV, et concluez après cela !..

*
* *

On n'abuse pas moins des dons de l'intelligence, mon cher ami, que des dons de la fortune. Nos romanciers et nos compositeurs dramatiques semblent avoir presque tous, en ce siècle, déclaré une guerre impie à la morale et à Dieu. Sur le théâtre moderne, en effet, qu'y voyez-vous ? Rire des plus saintes choses, donner aux personnes pieuses tous les travers et aux athées seuls les vertus aimables, saper *d'un cœur léger* les bases de notre société qui chancèle, tourner en ridicule le mariage, exalter les passions humaines ; voilà bien ce que vous y entendez chaque jour. Le roman contemporain soutient les mêmes thèses et propage les mêmes doctrines. Que fait l'Etat en présence de tout ceci ? Ah ! il veille sur nos santés avec un soin jaloux ! Il prohibe la vente des poisons minéraux ; il s'oppose à ce qu'on serve aux enfants mineurs des boissons alcooliques dans nos cafés ; il va même jusqu'à défendre l'apport, sur les marchés de nos villes, des fruits trop verts, cueillis avant le temps ! L'Etat cherche donc à éloigner tout ce qui pourrait altérer la santé des citoyens ; mais il les laisse au même moment, il les laisse tous boire à longs traits aux coupes empoisonnées du théâtre et du roman modernes ! Il protége les corps, il laisse souiller les âmes !... En agissant ainsi, il manque à sa mission protectrice !

Vous voyez, mon cher ami, jusqu'où m'entraînait ma pensée durant cette belle après-midi de juin. La vue de la nature fortifie le cœur et élève l'esprit... Il semble vraiment qu'au sein de nos campagnes riantes on est plus près de Dieu !!

*
* *

Nous voici de retour à l'église de Saint-Franc. Un *Te Deum* solennel et le salut du Saint-Sacrement terminent cette pieuse cérémonie, digne de rester gravée en mon souvenir. Laissons, laissons les impies se rire des choses saintes, s'ils ont pareille audace. Pour nous, mon cher ami, restons fièrement attachés à notre foi, et rappelons sans cesse à nos frères égarés cette parole bien propre à leur inspirer de sages réflexions : « La révolte « contre Dieu n'atteint que le révolté. » A tous les hommes, enfin, redisons ce vers de M. de Lamartine :

La vie est un combat dont la palme est aux cieux !

Nous ferons ainsi acte de bons citoyens.

La France, en effet, cherche depuis quatre ans à réorganiser son armée : elle veut créer de nombreux bataillons ; elle veut des soldats résolus à sacrifier leur vie pour la patrie. Qui les lui donnera ? La foi à l'immortalité : elle seule en est capable. Hors de la foi, vous pourrez rencontrer quelques hommes, valeureux par tempérament ou par orgueil, prêts à braver la mort afin d'obtenir un peu de gloire ou une distinction périssable. Mais le grand nombre sait que la gloire humaine est une fleur qui nait sur les tombeaux... Cela ne lui suffit pas ! Voulez-vous apprendre à nos soldats et à nos marins les dévouements sublimes ? Enseignez-leur la religion. Montrez à leurs regards Dieu lui-même, prêt à récompenser le sacrifice de leur vie par des joies éternelles : alors, ils sauront mourir pour la patrie !

Arrière donc le matérialisme, arrière ces doctrines funestes affirmant, sans raison, que rien ne subsiste de notre être au-delà du tombeau. Si, pour l'homme, tout finissait à la mort, son unique loi serait de jouir en ce monde, *per fas et nefas*, des voluptés terrestres : adieu alors patriotisme et courage, foi et honneur ! Adieu toutes les nobles et saintes choses !... Mais, nous n'avons pas été créés pour de telles hontes !

★
★ ★

... La nuit vient, il faut partir. Je reprends ma route solitaire et je vais, dans une commune voisine, me reposer sous un toit hospitalier. C'est de là que je vous écris mes impressions. A bientôt.

Oui... à bientôt. On peut médire de notre ville alors qu'on y demeure; plusieurs même se vantent de cela... Au début de ma lettre, je subissais leur influence ! Mais, croyez-moi, on regrette vite Chambéry si on vient à s'en éloigner.

Agréez mes cordiales salutations.

Victor François,

Avocat à la Cour d'appel de Chambéry.

www.ingramcontent.com/pod-product-compliance
Lightning Source LLC
Chambersburg PA
CBHW060711050426
42451CB00010B/1389